CHISTES DE ANIMALES

Amy White
Traducción/Adaptación de Lada J. Kratky

¿Eres tan rápido como un guepardo?

No, pero soy más rápido que una oruga.

¿Puedes saltar tan alto como un canguro?

No, pero puedo saltar más alto que un cerdo.

¿Eres tan grande como un elefante?

No, pero soy más grande que un ratón.

¿Eres tan pequeño como una ardilla?

No, pero soy más pequeño que una vaca.

¿Eres tan alto como una jirafa?

No, pero soy más alto que un gallo.

¿Eres tan callado como un pez?

No, pero soy más callado que un pingüino.

¿Eres tan valiente como un león?

No, pero soy más valiente que un avestruz.

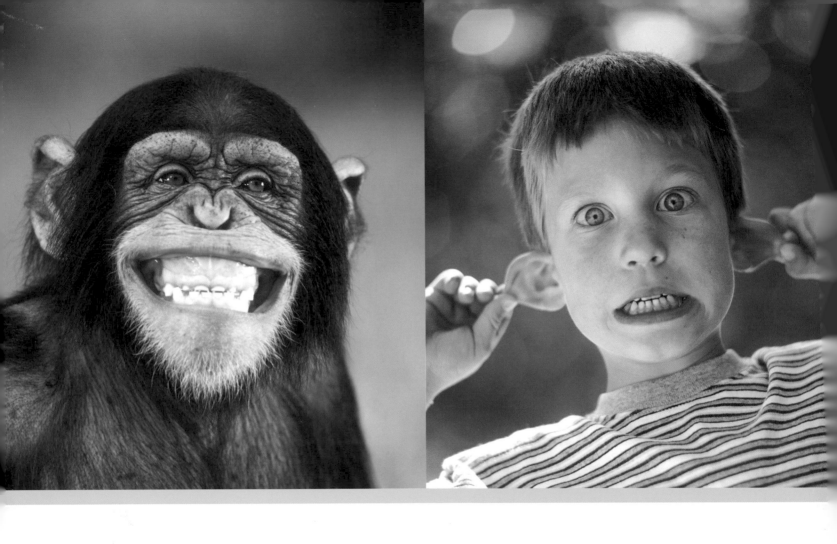

¿Eres tan chistoso como un monito? ¡Sí!